LE BARON TAYLOR.

EN VENTE CHEZ LE MÊME LIBRAIRE

CONFESSIONS
DE MARION DELORME

PAR EUGÈNE DE MIRECOURT

60 livraisons à 25 centimes, avec gravures.
18 fr. l'ouvrage complet par la poste.

Paris. — Typographie Gaittet, rue Git-le-Cœur, 1.

B.on TAYLOR

LES CONTEMPORAINS

LE BARON
TAYLOR

PAR

EUGÈNE DE MIRECOURT

PARIS

GUSTAVE HAVARD, ÉDITEUR

BOULEVARD DE SÉBASTOPOL
rive gauche

L'Auteur et l'Éditeur se réservent tous droits de reproduction.

1858

AVANT-PROPOS

A M. ÉMILE DE GIRARDIN.

Vous avez l'habitude, ô grand homme! de déplacer toutes les questions, et vous exécutez sur la corde roide de votre journal des tours de voltige de la plus haute école.

Ainsi, dans ce moment, vous êtes en train de prouver aux lecteurs de la *Presse* que nous avons été condamné *on ne peut plus sévèrement* par les tribunaux pour avoir écrit votre histoire.

Et vous nous déniez le droit de réponse dans vos colonnes, afin de laisser le public sous l'impression que vous avez voulu produire.

Mais nous avons, comme vous, une tribune. Nous rétablissons les faits.

Les voici dans leur plus scrupuleuse exactitude.

Une biographie, signée de nous, paraît en janvier dernier. Cette biographie est la vôtre. Deux mois s'écoulent, vous ne réclamez pas et vous ne portez aucune plainte devant les tribunaux.

Seulement, vous insérez, un beau jour, une lettre assez piquante de madame George Sand à votre serviteur, et, comme notre réponse, extrêmement convenable et polie, vous déplaisait par cette raison même, vous jetez notre réponse au panier.

C'était tout simplement vous révolter contre la loi.

Là-dessus, nous vous intentons un procès.

Acculé dans vos derniers retranchements et forcé par la perspective d'une condamnation imminente à publier notre lettre,

AVANT-PROPOS.

vous la faites suivre de cette petite note perfide :

« En fermant aux plus courtoises récla-
« mations contre ses inexactitudes ou ses
« *diffamations* la porte d'un journal,
« M. de Mirecourt l'ouvre nécessairement
« aux tribunaux. Il ne saurait donc ni s'é-
« tonner ni se plaindre d'être suivi sur le
« terrain qu'il choisit. »

Vous comprendrez tout à l'heure pourquoi nous soulignons le mot *diffamations*.

L'essentiel est de montrer ici le jésuitisme de vos phrases. Après les avoir lues, il est certain que tous les abonnés de la *Presse* ont dû se dire : « C'est madame Sand qui intente un procès à M. de Mirecourt. »

Pas du tout; c'était vous-même !

Or, vous ne pouviez faire un tel aveu dans un journal qui a publié, pendant deux années consécutives, de si magnifiques articles sur le DROIT DE TOUT DIRE.

Ces articles étaient signés de votre nom.

L'un des plus remarquables a paru à l'époque où vous aviez besoin de *tout dire* sur les hommes qui vous empêchaient d'être ministre.

En voici quelques extraits, ils sont textuels.

« **La liberté de TOUT DIRE** doit exister par cette
« raison souveraine qu'il n'y a aucun avantage à
« la limiter. Toute limite, quoi qu'on fasse, sera
« toujours arbitraire. — En matière de liberté
« de pensée, nous n'admettons pas plus les lois
« répressives que les lois préventives; nous n'ad-
« mettons qu'un seul tribunal compétent, le *tri-
« bunal de la conscience publique.* — C'est à la
« conscience publique à s'armer de sévérité con-
« tre les *injures*, les *diffamations*, les *erreurs*,
« tout ce qui enfin aujourd'hui constitue le do-
« maine des délits et des crimes de la parole et
« de la presse. — L'individu *fort de sa conscience*
« n'a pas besoin de tribunal qui le venge de la
« calomnie! — Quand le droit de mépriser la *ca-
« lomnie*, l'*injure*, la *diffamation*, devrait s'acqué-

AVANT-PROPOS.

« rir par *une plus grande pureté de conscience*, où
« serait le mal? — Nous sommes encore des en-
« fants, soyons donc enfin des hommes.

« ÉMILE DE GIRARDIN. »

(*Presse du* 25 *janvier* 1850.)

Ouf! respirons!

Il est certain qu'après cela vous n'osiez pas convenir vis-à-vis de vos lecteurs que vous intentiez un procès au sujet de votre propre biographie. Vous sentiez combien on allait vous trouver peu conséquent avec vous-même. Ces diables d'abonnés collectionnent, gardent les articles et confrontent celui du jour avec celui de la veille.

Ainsi, grand homme, vous n'étiez pas assez *fort de votre conscience?*

Ainsi vous aviez *besoin d'un tribunal pour vous venger?* Le tribunal de la *conscience publique* ne vous suffisait pas. Doutiez-vous, par hasard, de l'arrêt qu'il aurait pu rendre?

Enfin, passons ! vous avez préféré la septième chambre.

Vous demandiez aux juges : 1° la suppression de la livraison des *Contemporains* qui contenait votre histoire ;

2° Mille francs de dommages-intérêts. (C'était bien peu !)

Le tribunal a rendu le jugement suivant :

« Attendu qu'Eugène de Mirecourt se reconnaît l'auteur d'une brochure intitulée : *Émile de Girardin*, commençant par ces mots : « Il est des « figures impossibles à saisir... » et finissant par ceux-ci : « Il est mort... » ;

« Attendu que, dans cette brochure, il ne s'est pas borné à juger l'homme public, dont les actes et opinions sont soumis à l'appréciation et à la critique de tous ; qu'il descend aussi dans les détails les plus intimes de la vie privée ; que, s'il *n'articule pas d'une manière précise et directe des faits qui soient de nature à porter atteinte à l'honneur et à la considération* de celui dont il retrace la biographie, il emploie cependant *trop souvent* vis-à-vis de lui des formes de langage acerbes et

AVANT-PROPOS.

violentes; que c'est ainsi qu'il parle à plusieurs reprises de son mercantilisme, de ses habitudes d'audacieuse exploitation, de son égoïsme, de son esprit haineux, du fiel qui gonfle son cœur, de son défaut de moralité;

« Que dans un passage notamment on lit : « Il « ne croit ni à l'amitié, ni au désintéressement, ni « à la conscience; il a perdu la sienne à la ba- « taille; » que plus loin on lit encore : « Que ses « qualités ne sont qu'apparentes et cachent un « calcul; que son âme a perdu tous les sentiments « de sincérité et de justice; qu'il fait le mal par « instinct; »

« Que, dès lors, Eugène de Mirecourt a commis le délit prévu et puni par l'art. 19 de la loi du 17 mai 1819;

« Vu ledit article;

« Le condamne à 500 francs d'amende et aux dépens;

« Statuant sur les conclusions de la partie civile,

« Attendu qu'elle n'a éprouvé aucun préjudice, dit qu'il n'y a lieu d'accorder les *dommages-intérêts réclamés;*

« Attendu toutefois que la brochure d'Eugène de Mirecourt a reçu une certaine publicité, et qu'il y a lieu d'ordonner, *à titre de réparation* l'insertion du présent jugement dans les journaux ;

« Dit qu'il sera inséré dans trois journaux, au choix de Girardin et aux frais d'Eugène de Mirecourt ;

« *Déboute* Émile de Girardin du *surplus* de sa demande. »

Nous citons ce jugement, parce que c'est la réponse la plus catégorique et la plus simple que nous puissions faire aux insinuations étranges contenues dans la *Presse* du 1er août dernier.

Nous renvoyons nos lecteurs à cet article, qui essayait d'être perfide et qui n'a été que maladroit.

Vous baissez, grand homme ! Votre plume s'émousse, votre polémique boite et votre génie devient apoplectique.

Songez à Gil Blas et à son archevêque.

Le lendemain, nous avons répondu par une courte lettre ainsi conçue :

« Monsieur,

« Le public sait maintenant deux choses : 1° que le partisan quand même du *droit de tout dire* a voulu m'empêcher de répondre à madame George Sand dans les colonnes de son propre journal ; 2° que l'apôtre de la *liberté illimitée* applique ses doctrines en menaçant un écrivain de la contrainte par corps [1].

« Je ne demandais rien de plus ; chacun jugera.

« Vous aviez votre plume, j'avais la mienne. *Les tribunaux* (je cite vos paroles) *ne doivent jamais intervenir dans les affaires de presse.*

[1] M. de Girardin, nos lecteurs ne l'ignorent pas, s'est imaginé que l'insertion du jugement ci-dessus, à raison de 3 francs la ligne, importait à son honneur. Un référé très-habile, introduit par notre avoué pour le payement des frais de cette insertion, a forcé le rédacteur en chef de la *Presse* à donner dans son journal même un démenti formel à ses principes.

« Envoyez, monsieur, toucher vos douze cents francs à la caisse des *Contemporains*; mon éditeur payera.

« Seulement, vous avez eu le tort très-grave, dans l'article publié hier par la *Presse*, de vous dire *diffamé* et de m'appeler *diffamateur*. Le tribunal ne m'a condamné que pour injure, et le texte même du jugement déclare que je ne vous ai *porté aucun préjudice*.

« Donc, vous vous rendez vous-même coupable du délit que vous me reprochez faussement. J'en prends acte.

« Recevez toutes mes salutations.

« Eugène de Mirecourt. »

Vous n'avez pas jugé convenable de publier cette lettre, ô journaliste plein de loyauté que vous êtes! et, franchement, nous sommes las de vous signifier notre prose par huissier.

Maintenant, tirez-vous d'affaire ; conciliez vos actes avec vos doctrines.

Puisque vous n'envoyez pas toucher le montant des insertions, — y compris celle de la *Presse*, qui doit entrer directement dans votre poche, — vous pouvez être sûr que nous ne vous porterons pas cette somme. Il nous paraît décidément curieux de voir jusqu'où vous pousserez la contradiction dans vos systèmes ; et, quand nous aurons pris nos mesures pour que la *retraite* ne nuise point à notre travail, nous irons, sous vos généreux auspices, transporter rue de Clichy nos pénates littéraires.

Deus nobis hæc otia fecit.

Traduction libre : « Girardin, l'apôtre de la liberté illimitée, a daigné limiter la nôtre. »

En attendant, grand homme ! nous allons vous montrer comment nous écrivons l'histoire de ceux de nos contemporains qui ne vous ressemblent pas. Lisez pour votre enseignement la biographie du baron Taylor, et ne nous forcez plus à nous occuper de votre personne.

« Quand vous devriez acquérir le droit de nous laisser en repos par une plus grande pureté de conscience, où serait le mal? Vous n'êtes encore qu'un enfant; soyez donc enfin un homme. »

Ah! ce sont là de vos phrases, et vous n'avez rien à dire : nous n'y changeons que ce qui ne s'applique point à nous.

Sur ce, que Dieu vous ait en sa sainte garde!

E. DE M.

LE BARON TAYLOR

Si la France est reine du monde, si nous voyons les peuples se courber devant elle et saluer sa gloire, c'est que, seule entre toutes les nations, elle a constamment applaudi, soutenu, protégé les arts.

Chez nous éclate avec plus de vivacité que partout ailleurs cet enthousiasme qui chauffe le génie et fait éclore les chefs-d'œuvre.

LE BARON TAYLOR.

Même dans les plus mauvais jours, au sein de la tempête révolutionnaire, au milieu des absorptions industrielles, malgré l'émeute et malgré la Bourse, malgré les barricades et l'agiotage, malgré l'instinct bourgeois, malgré tous les fléaux, la religion de l'art n'a pas encore vu, en France, déserter son autel.

De courageux apôtres sont là toujours prêts à la lutte.

Ils chassent, comme le Christ, les marchands du temple; ils sont les gardiens de la doctrine; ils réveillent les saintes ardeurs de la foi artistique.

Patients, résolus, infatigables, on les trouve éternellement sur la brèche lorsqu'il y a des obstacles à vaincre, des résistances à combattre; ils soutiennent le courage abattu, raniment la confiance éteinte, entretiennent le feu sacré dans les âmes, et ne demandent pour eux ni récompense ni salaire.

Nous venons de tracer en quelques lignes le portrait du baron Taylor.

C'est le plus fervent, le plus actif, le plus intrépide et le plus dévoué de tous ces apôtres dont nous venons d'expliquer la généreuse mission.

Sans autre fortune que son esprit, sans autre puissance que son cœur, on l'a vu, depuis cinquante ans, opérer des prodiges.

Il n'a jamais cessé de prêcher la croisade contre les Sarrasins modernes qui arrêtent la marche des arts; il a suscité contre eux plus d'un Charles-Martel, fournissant au héros ses premières armes et lui présageant la victoire.

Isidore-Justin-Severin, baron Taylor, est né à Bruxelles en 1789.

Il appartient par sa mère à une ancienne famille d'Irlande, les Walvein [1].

Chassés par la conquête britannique, ses ancêtres se réfugièrent sur le continent et vinrent habiter la Flandre occidentale. En compulsant les vieilles chroniques flamandes, on trouve, vers 1297, un seigneur du nom de Walvein au nombre des nobles qui furent, à Ypres, victimes d'une sédition populaire [2].

---

[1] Il reste encore quelques membres de cette famille en Angleterre; ils habitent le château de Longworth, dans le Herefordshire.

[2] On les précipita du haut des fenêtres de l'Hôtel de Ville.

Trente ans après, un Jean Walvein était à la tête de la magistrature de Bruges. Sur la fin du siècle dernier, M. Walvein, grand-père du baron Taylor, fut nommé gouverneur du cercle de cette ville et devint le conseiller intime de l'empereur Joseph II, frère de Marie-Antoinette.

A l'exemple de Frédéric de Prusse, Joseph II se montrait grand partisan des idées philosophiques. Il ne devinait pas que derrière l'impiété voltairienne se dressait l'échafaud de sa sœur.

La persécution des catholiques excita des révoltes en Flandre. M. Walvein fut obligé de prendre la fuite, après avoir vu sa maison livrée au pillage.

Il se réfugia à Marseille, où il mourut[1].

[1] Les Marseillais l'avaient nommé commandant en

Sa fille, mariée à un noble Anglais, depuis naturalisé Français, est la mère du baron Taylor [1].

Du côté paternel, celui-ci compte également des illustrations : le général Taylor, qui alla combattre en Irlande pour la défense du catholicisme, est son oncle. Il vint plus tard mettre son épée au service de la France.

Ruinée par les discordes politiques, la

chef de leur garde nationale. A Bruges, M. Walvein a laissé les plus honorables souvenirs. Un jardin botanique et une des écluses de la ville portent son nom. Il créa deux bourses au collège de Bruges pour élever deux jeunes gens choisis par la ville. Un de ces élèves a été le célèbre bibliographe Van Praet, mort conservateur à la Bibliothèque royale de Paris ; et l'autre M. Legillon, peintre de genre distingué. On conserve aux archives de Bruxelles la correspondance de M. Walvein, gouverneur du cercle de Bruges, avec Joseph II.

[1] Il eut aussi un fils, Charles Waivein, massacré à l'Abbaye aux journées de septembre.

famille Taylor eut à supporter de mauvais jours.

Ne pouvant plus offrir à son dernier héritier ni fortune ni patrimoine, elle voulut au moins lui donner les bienfaits de l'éducation. Elle s'imposa les plus durs sacrifices pour l'envoyer étudier à Paris.

Taylor commença ses classes au pensionnat de M. Sané.

Sous la direction de M. Jacob, son successeur, il reçut quelques leçons préparatoires à l'école Polytechnique; mais le jeune élève montrait plus de dispositions pour les arts que pour les sciences. Il dessinait avec goût. Les premiers essais de son crayon révélaient une grande originalité, un talent réel. On le dirigea vers la carrière qu'il semblait choisir, tout en le laissant achever ses études au collége de France.

A dix-huit ans il dut marcher seul dans la vie et se créer des ressources par ses propres efforts.

La plume et le crayon lui vinrent en aide. Quelques éditeurs lui commandèrent des dessins; puis une circonstance heureuse le poussa du côté du journalisme.

Bientôt ses articles critiques eurent la vogue.

On put deviner, dès cette époque, l'homme profondément judicieux, qui allait apporter la lumière dans les questions d'art et ouvrir des horizons inconnus.

Il songeait à compléter par les voyages ses études artistiques.

Exempté de la conscription, en 1810

pour cause de santé délicate, il se croyait quitte avec la loi ; mais il se trompait. L'Empereur ayant demandé tout à coup force troupes, on revint sur les anciennes décisions, et notre journaliste, jugé définitivement propre au service militaire, fut obligé d'acheter un homme.

Une fois remplacé sous les drapeaux de César, il prit son crayon, ses albums, le sac et le bâton de touriste, et se dirigea du côté de la frontière.

Il visita d'abord la Flandre, sa patrie ; puis, inclinant de l'ouest au sud et traversant l'Allemagne, il ne tarda pas à saluer la terre italienne.

Rome, Naples, Florence, lui ouvrirent leurs muséums. Deux années durant, il se chauffa la tête et le cœur au foyer des arts.

Revenu en France à la fin de 1815, il fut très-surpris d'apprendre qu'il lui restait encore à démêler quelque chose avec le service militaire. On enrôla notre touriste dans les gardes nationales mobiles, en compagnie du peu de jeunes gens que la mitraille avait épargnés.

Il fallut que Taylor se résignât, en qualité de neveu d'un général, à accepter le grade et la paye de sous-lieutenant.

Bientôt il comprit tout ce que sa nouvelle position lui offrait d'avantages. En attendant qu'on l'appelât sur le champ de bataille, il trouvait une existence matérielle assurée, et conservait assez de loisirs pour reprendre ses anciens travaux de journaliste,

Réunies dans la même main, la plume et l'épée vivent en bon accord.

Du journal au théâtre il n'y a qu'un pas. Notre jeune écrivain voulut le franchir et débuta par un drame en cinq actes, intitulé *Bertram ou le Pirate*[1], qui eut deux cents représentations à Paris. Encouragé par le succès, l'auteur composa coup sur coup trois autres pièces, le *Délateur*, *Ismayl et Mariam* et le *Chevalier d'Assas*.

Une petite comédie en un acte, *Amour et Étourderie*, complète le répertoire dramatique de M. Taylor.

Il entra aux gardes en 1814, en même temps que Lamartine. Ses anciennes étu-

---

[1] On traduisit l'œuvre en italien. Bellini composa la musique.

dés pour l'école Polytechnique lui furent profitables. On l'admit au concours, lors de la création de la compagnie d'artillerie[1] dans laquelle il obtint le grade de lieutenant.

Tous ses congés se passaient en voyages.

Vers 1816, il retourna en Allemagne. L'année suivante, il parcourut la Hollande et l'Angleterre. Ses études archéologiques, poussées au plus haut point, devaient un jour doter nos bibliothèques d'un ouvrage extrêmement remarquable, sur le mérite duquel nous aurons longuement à nous étendre.

Il ne restait plus à M. Taylor qu'à visiter l'Espagne.

[1] Cette compagnie reçut le nom de *compagnie de Wagram*, ce qui prouve que la Restauration ne répudiait pas absolument les gloires de l'Empire.

Là devait se compléter la série de documents précieux qu'il amassait au profit de l'art chrétien, dont il a toujours maintenu les droits et constaté le triomphe.

Admis dans la garde royale, en qualité d'aide de camp du général comte d'Orsay, il fit partie de l'état-major de l'armée expéditionnaire qui franchit les Pyrénées en 1823.

Dans cette campagne, les investigations de l'artiste n'empêchaient pas le soldat de remplir noblement et courageusement ses devoirs. S'il y avait une mission sérieuse et difficile, c'était à notre officier d'état-major qu'on la confiait. Il s'engageait seul au travers de contrées ennemies, entouré de périls sans nombre, et les bravant tous. Plus d'une fois il fut mis en joue par le tromblon d'un bandit, au moment où il dessinait les ruines d'un vieux château ou la flèche dentelée de quelque chapelle monastique perdue dans les sierras lointaines.

Un jour, on lui dit de monter à cheval et d'aller se mettre à la disposition du général Bordesoulle, qui assiégeait Cadix.

Il s'agissait de recevoir les communications écrites de ce chef et de les porter, à Lisbonne d'abord, au comte Hyde de Neuville, ambassadeur de France, puis au général Bourg, qui commandait l'expédition de la Corogne.

Notre intrépide baron devait traverser le Portugal et la Galice, occupés d'un bout à l'autre par les troupes du général Plasencia.

Il part, confiant en Dieu et en son courage.

Pendant trois jours toutes les difficultés de la route sont vaincues. Le soir du quatrième jour, il arrive sur les bords du Minho et reconnaît l'impossibilité de traverser le fleuve sans tomber au pouvoir des corps ennemis, gardiens de la rive opposée.

Un paysan portugais aborde l'officier voyageur et l'examine curieusement.

— Puis-je vous être agréable en quelque chose? lui dit-il. J'aime les Français.

— Ah! fit Taylor, regardant son homme, et se croyant en face d'un espion.

Le paysan devina sa pensée.

— Étiez-vous à Paris en 1811? demanda-t-il.

— Oui ; pourquoi ?

— Vous devez vous rappeler d'avoir vu un régiment de cavalerie portugaise y monter la garde ?

— En effet, répondit Taylor, au boulevard du Temple.

— Je faisais partie de ce régiment ; j'ai servi la France, et je ne laisserai pas un officier français dans l'embarras.

— Pourrez-vous, dit Taylor, me faire traverser le fleuve à minuit ?

— Rien de plus simple, ma barque est à vos ordres. Mais il y a des vedettes à l'autre bord. L'essentiel est de ne pas tomber dans une embuscade. Vous trouverez là-bas, en débarquant, un guide et deux chevaux de poste vigoureux, qui vous conduiront d'une seule haleine jusqu'à Saint-Jacques de Compostelle. Je me charge de tout.

Taylor lui serra vivement la main.

A minuit, le brave paysan le reçut dans sa barque. On traversa le fleuve. Le guide avec ses chevaux était sur l'autre rive, et l'envoyé du général Bordesoulle franchit au galop les lignes ennemies.

Cent balles sifflèrent à ses oreilles sans l'atteindre.

Il termina son périlleux voyage, et fut mis à l'ordre du jour de l'armée par le général Bourg, pour l'héroïsme et l'habileté dont il avait fait preuve.

Le résultat de cette mission si heureusement accomplie fut la reddition de Cadix.

On nomma notre officier capitaine d'état-major ; il passa plus tard au grade de chef d'escadron.

Ici finit l'histoire du soldat ; celle de l'artiste et du bienfaiteur des artistes complétera ce petit livre.

Le baron Taylor est au nombre de ces hommes qu'un biographe consciencieux doit mettre en relief, par cela même que notre siècle égoïste et perverti peut les coudoyer sans les voir.

De nos jours, la célébrité est fille du scandale. Un impudent coquin reçoit les hommages de la foule, et l'on s'incline à peine devant l'homme de bien qui passe.

A nous donc de crier : Chapeau bas !

Tant pis pour ceux qui nous obligent à leur enseigner la morale et la politesse.

Notre tâche est aussi simple que digne.
On nous verra démolir constamment le piédestal de plâtre du mensonge et le reconstruire en marbre pour y asseoir la vérité.

Chacun son rôle en ce bas monde.

Outrecuidance pour outrecuidance, nous préférons celle qui vise au triomphe du juste et de l'honnête.

Continuons notre biographie.

Le motif pour lequel le baron Taylor abandonna la carrière des armes, au moment où il venait de s'y couvrir de distinction, n'a jamais été douteux. Il voulait s'occuper exclusivement de l'œuvre colossale qui a pour titre : *Voyage pittoresque dans l'ancienne France*, et dont la première livraison, publiée avant son départ pour la Péninsule, obtenait un succès d'enthousiasme.

Il ne voulut pas néanmoins quitter l'Espagne sans avoir exploré les provinces du sud, où la domination mauresque a laissé tant de richesses architecturales.

Derrière ses vieux remparts flanqués de tours énormes, Cordoue lui montra la superbe mosquée du calife Abdérame, aujourd'hui transformée en basilique chrétienne. L'ombre des rois maures lui apparut à Séville sous les galeries silencieuses de l'Alcazar; et Grenade, la fière Grenade, lui permit de visiter le Généralif et l'Alhambra.

La guerre avait peuplé les royaumes de Murcie et de Valence de hordes indisciplinées. Notre voyageur n'aurait jamais pu regagner la France s'il n'eût fait la rencontre d'un bandit aussi aimable et aussi dévoué dans son genre que le paysan portugais.

Il y a cinq ou six ans, nous avons entendu raconter à M. Taylor lui-même l'anecdote qui va suivre.

C'était aux environs d'Orihuella.

Le soldat, redevenu touriste, apprend que le pays est au pouvoir d'un terrible chef de bande, appelé don Jaim, dont les lieutenants gardent toutes les gorges de la sierra de Crevilliente [1]. Impossible de franchir le moindre passage sans être tué ou fait prisonnier.

Don Jaim avait reçu le titre majestueux de roi de la montagne.

[1] Chaîne de montagne qui sépare les deux royaumes.

Le cas devenait grave.

Taylor voyageait seul, accompagné d'un domestique espagnol, qui pouvait très-bien, le cas échéant, faire cause commune avec les bandits.

— Où rencontre-t-on ce chef illustre ? Est-il possible d'en obtenir une audience ? demanda-t-il à la maîtresse de la *venta* [1] où il était descendu.

— *Si, señor*, rien de plus facile, répondit-elle. Justement, le voilà qui déjeune. Vous pouvez lui parler en toute sécurité.

Elle lui montrait un petit homme court, à face rubiconde, mangeant à une table voisine, et doué d'un appétit remarquable.

[1] Auberge de village. Les hôtelleries de la ville prennent le nom de *posadas*.

On voyait que son métier ne lui causait pas extrêmement de remords.

Il portait l'ancien costume espagnol. Sa veste de velours bleu-de-ciel et sa résille lui donnaient beaucoup plus de ressemblance avec Figaro qu'avec le brigand terrible au nom duquel tremblaient les populations.

Taylor s'approcha de ce personnage, et dit en le saluant :

— ¿ Quiere v^d tomar un vaso de aguardiente[1] ?

— Con mucho gusto[2], répondit le bandit. Mais je parle français, ne vous gênez pas. Que désirez-vous de moi ?

---

[1] Voulez-vous boire un verre d'eau-de-vie ?
[2] Avec plaisir.

Il lui faisait signe de prendre place à table vis-à-vis de lui.

— Vous êtes maître absolu de ces montagnes, dit Taylor. Je sais qu'on n'en franchit pas les gorges sans vous payer un tribut. Or ma valise est celle d'un artiste : elle contient seulement quelques souvenirs de l'Alhambra... des morceaux de plâtre. Quant à ma bourse, elle est vide, et je ne suis pas d'humeur à vous donner ma montre. Cependant je désire un laisser-passer signé de vous, que je puisse montrer aux hommes de votre bande.

— Je ne sais pas écrire, dit le bandit ; je ne puis que vous accompagner moi-même. Dans un quart d'heure soyez prêt à monter à cheval.

— C'est convenu j'accepte, dit Taylor.

Au fond de l'âme, il n'était pas sans inquiétude. Un autre compagnon de voyage lui eût mieux convenu.

Il vit don Jaim aborder deux ou trois hommes au visage sinistre, et l'entendit échanger avec eux certaines paroles suspectes en regardant sur la place du village une caravane d'*arrieros* [1], qui se décidaient à passer la montagne sous la protection d'une troupe de dragons espagnols.

— Partons ! dit le bandit, revenant à Taylor. Je vous préviens qu'il ne faudra vous mêler en aucune sorte des événements dont vous pourrez être témoin,

[1] Marchands muletiers.

sans quoi je serais obligé de vous laisser voyager seul.

Ils montèrent à cheval.

— A peine étaient-ils à une demi-lieue du village, en train de gravir les premières pentes de la montagne, que des coups de feu se firent entendre.

— Inutile de vous arrêter, dit don Jaim. Ce sont les *arrieros* que mes lieutenants avertissent de payer le tribut. Toute intervention serait une folie. Au trot! Ne regardez plus en arrière.

Vers le soir, ils aperçurent une cabane isolée, où don Jaim lui ordonna de laisser son domestique.

— Pourquoi? demanda Taylor.

— Parce que, si je me fie à vous, lui dit le brigand à l'oreille, je ne me fie pas à cet homme. Nous approchons de ma demeure. Comprenez-vous ?

Effectivement, après avoir descendu une gorge rapide, bordée à droite et à gauche par un bois d'oliviers, ils virent une gitana qui accourait joyeuse à leur rencontre.

— C'est ma femme, dit don Jaim à son compagnon de route ; l'enfant qu'elle porte dans ses bras est mon fils.

La gitana se trouvait alors tout près d'eux. Il se pencha pour l'embrasser, sans descendre de cheval, et lui dit :

— *Buenos tardes. Deme usted el niño* [1].

Prenant le marmot et l'asseyant devant lui sur le rebord de la selle, il se mit à lui

[1] Bonsoir. Donne-moi le petit.

débiter en espagnol ces mille niaiseries affectueuses que les pères et mères de tous pays inventent à l'usage de leur progéniture. Se retournant ensuite vers Taylor, il ajouta :

— *Yo lo educaré dignamente para mi profesion*[1].

Le bandit espagnol se peint tout entier dans cette phrase.

A l'en croire, c'est un état qu'il exerce, et un état aussi honorable qu'un autre. Ses pères lui ont légué l'escopette; il la transmet à ses enfants et leur recommande, à son lit de mort, de suivre pieusement son exemple.

Au vol et à l'assassinat près, c'est un

[1] Je l'élèverai dignement pour ma profession.

fort honnête homme, plein de dévouement et de cœur.

Les caresses de famille échangées, don Jaim piqua sa monture et dit à Taylor :

— En route ! Nous souperons à deux lieues d'ici. Demain au point du jour, vous serez en sûreté.

Le baron jeta dans la robe de l'enfant quelques douros d'or, et la mère sourit.

— *Buen viage !* [1] leur cria-t-elle.

Ainsi que l'avait annoncé don Jaim, l'aurore trouva nos voyageurs aux portes d'une petite ville appelée Calasparra, de l'autre côté de laquelle les routes étaient franches.

Taylor voulut emmener dans une au-

[1] Bon voyage !

berge le complaisant bandit pour lui offrir un déjeuner d'adieu.

— Non pas ! fit don Jaim. Puisque votre bourse n'est que médiocrement garnie, à quoi bon vous livrer à des dépenses inutiles ? Allons chez l'alcade.

— Hein ? s'écria Taylor... Chez l'alcade ?... Il vous arrêtera !

— Jamais ; il a trop peur de moi.

Cinq minutes après, le hardi brigand frappait à la porte du magistrat, qui le reçut avec beaucoup d'égards.

— Avez-vous trouvé bon le dernier porto que je vous ai envoyé ? demanda-t-il à l'alcade.

— Excellent, seigneur bandit.

— Je vous enverrai du xérès d'ici à quelques jours. Veici un officier français auquel j'ai servi de guide dans la montagne; il faut le loger convenablement chez un des premiers bourgeois de la ville.

— Avec plaisir! Trop heureux de vous être agréable, répondit l'alcade.

Taylor tombait des nues.

Il ne savait pas qu'en Espagne la justice pactise avec les *bandidos*[1] quand elle se voit la plus faible, sauf à les pendre plus tard, si elle est en mesure de cerner la troupe et de braver les représailles.

— J'ai besoin de repos, dit don Jaim à son compagnon de route, et je vais loger avec vous en maison bourgeoise. Les *posadas* de cette ville sont mauvaises. Soyez sans crainte, je serai parfaitement reçu.

[1] Brigands.

La prédiction se réalisa.

Comme l'alcade, l'hidalgo désigné pour héberger l'officier français témoigna au prince de la montagne des marques de déférence que celui-ci jura de reconnaître en n'exigeant aucun droit sur tout ce que son hôte pourrait faire venir de Murcie ou de Valence.

Taylor s'habituait à merveille à la compagnie du brigand; mais il dut s'en séparer le matin du troisième jour.

— Je voudrais garder quelque chose de vous, dit don Jaim; échangeons nos armes.

— Volontiers, répondit le touriste.

Il lui donna ses pistolets, et le brigand lui offrit en souvenir son tromblon, que chacun peut voir aujourd'hui, comme preuve de la vérité de notre anecdote, suspendu triomphalement, rue de Bondy, dans la bibliothèque du baron Taylor.

Comme nous l'avons mentionné plus haut, la première livraison du *Voyage pittoresque dans l'ancienne France* était publiée ; il s'agissait de continuer l'œuvre.

« C'était, dit M. Jules Romain, une lourde entreprise, qui demandait toutes les ressources de l'érudition et du talent, de grands capitaux, une infatigable persévérance.

« Reconstituer par le souvenir la France de nos pères ; aller de province en province, de ville en ville, du donjon démantelé au village détruit ; rendre à chaque construction son origine, dire à chaque ruine sa cause, et, devant tous ces témoins muets des fureurs ou de l'oubli des hommes, sur toutes ces victimes du temps, faire planer l'éternelle justice, l'éternelle clémence, l'éternelle grandeur dans leur manifestation chrétienne ; écrire en un mot trente volumes in-folio, produire six mille dessins, voilà ce qu'avait conçu, à vingt-huit ans, un lieutenant d'artillerie, sans autres ressources que sa solde, sans autre appui que son talent ; et ce qu'il avait conçu, il l'a exécuté¹.

Fort de la science archéologique puisée dans ses voyages, et déplorant les dévastations commises par cette troupe de vandales que le démon révolutionnaire poussait sur les abbayes et les châteaux, le baron Taylor résolut de se poser en obstacle et d'arracher à la bande noire son marteau destructeur.

Il communique à Charles Nodier cette idée courageuse et lui propose d'attacher son nom à l'œuvre.

Nodier accepte. Ils visitent ensemble la Normandie, parcourent la Bretagne, et les trois premiers in-folio paraissent.

¹ Archives de la *France contemporaine*, t. IV.

Mais ce travail de bénédictin effraya bientôt l'auteur de *Trilby* et de la *Fée aux miettes*. La fantaisie était la muse de cé charmant écrivain. Il ne s'habituait que très-difficilement à marcher dans les routes solennelles et régulières de la science.

— Travaillez sans moi, dit-il à Taylor. Je n'ai malheureusement ni votre foi persistante ni votre courage, et je retourne à mes romans.

Resté seul, notre archéologue continua son œuvre immense. Un moine du quinzième siècle n'aurait pas eu le travail plus intrépide et plus assidu.

Dix-sept volumes sont publiés à l'heure où nous écrivons ces lignes, dix-sept volumes géants, remplis de dessins merveilleux[1], et imprimés avec ce caractère net et pur que les ateliers typographiques de Firmin Didot seul possèdent.

Le texte, écrit par M. Taylor lui-même, contient l'historique des monuments, les légendes et les traditions curieuses qui s'y rattachent. Il est enfermé dans un cadre lithographique d'une originalité saisissante et d'une exécution parfaite. Le crayon rivalise avec la plume; il raconte l'histoire à sa manière, il la fait vivre et palpiter sous les yeux du lecteur.

Ce livre seul a développé dans des pro-

[1] Les artistes les plus illustres ont prêté leur concours à M. Taylor. Nous devons citer Isabey, Géricault, Ingres, Athalin, Horace Vernet, Fragonard, Villeneuve, Renou, Michalon, Truchot, Enfantin, Xaxier le Prince, Harding, Chapuy, Sabatier, Haghe, Viollet le Duc, Séchamp, Questel, Lassus, Chambon, Cicéri et Dauzats.

portions énormes l'art de la lithographie.

Treize volumes restent à faire.

Notre héros y consacre tous ses soins, toutes ses veilles; il ne mourra pas en léguant à nos bibliothèques un héritage incomplet.

Le style de M. Taylor a ce cachet pittoresque et cette couleur locale que le touriste intelligent sait toujours prendre aux lieux qu'il explore. C'est une œuvre scientifique et littéraire, qui remplit largement son but et se distingue par la vérité, par l'exactitude, par la poésie des détails. La phrase est soutenue, châtiée, souvent élégante, et toutes les légendes, toutes les chroniques sont classées avec la plus admirable méthode[1].

[1] M. Taylor a publié trois autres ouvrages où l'on

Chez nous, on rencontre éternellement de ces esprits envieux qui cherchent à dépouiller un artiste de sa gloire.

Le journal la *Sylphide*, de concert avec un livre de critique intitulé les *Soirées d'artiste*, accusa M. Taylor de signer des pages écrites par une autre plume et des dessins dus à un crayon étranger.

Deux lettres vinrent simultanément démentir ces insinuations calomnieuses.

Voici la première :

trouve les mêmes qualités d'écrivain. Ces ouvrages ont pour titre : *Pèlerinage à Jérusalem*, les *Pyrénées* et le *Voyage pittoresque en Espagne, en Portugal et sur la côte d'Afrique*. La seconde de ces publications est un extrait développé du grand ouvrage archéologique. La troisième est le fruit de la campagne de 1823 et des excursions qui l'ont suivie. Elle est illustrée de deux volumes complets de dessins, tous l'œuvre du baron Taylor.

« Monsieur,

« Je lis avec le plus grand étonnement le paragraphe de votre article intitulé les *Collectionneurs*, où je suis nommé en passant. « M. Taylor, « dites-vous, a signé des livres dont Charles No« dier a écrit le texte. » Les personnes qui vous ont fourni un pareil renseignement ont étrangement abusé de votre confiance. J'ai travaillé avec M. Taylor à la rédaction des *Voyages pittoresques*, que nous avons signés en commun, et j'ai même fourni la plus grande part des deux premiers volumes, mais non toutefois la meilleure ; car les chapitres de M. Taylor, relatifs aux arts, ont obtenu et doivent obtenir beaucoup plus de succès que les miens. Depuis, M. Taylor a rédigé et publié *seul* les dix ou douze volumes de cet immense ouvrage qui ont paru jusqu'ici ; et, si l'on m'y attribue encore quelque participation, c'est que M. Taylor a eu la politesse de conserver sur les frontispices le nom de ses anciens collaborateurs[1].

« J'ai eu l'occasion de protester souvent, je proteste encore ici de la manière la plus formelle,

---

[1] M. de Cailleux, ex-directeur des musées, avait aussi, dans le principe, collaboré à l'ouvrage.

et sur l'honneur, auquel je n'ai jamais manqué, *que je n'y suis pas pour une ligne.*

« Mon âge, mes souffrances continuelles, l'exigence de mes travaux d'obligation, ne me permettent pas, depuis longues années, les études, les soins et l'entière assiduité au travail que supposent des travaux d'une telle étendue. J'ose donc compter assez, monsieur, sur l'esprit de sincérité et de justice qui caractérise tout littérateur digne de ce nom pour espérer que vous voudrez bien réparer l'erreur dans laquelle vous êtes tombé, et me laver de l'odieux soupçon d'accepter sans réclamation l'honneur d'un succès qui ne m'est pas dû.

« Je suis, etc.

« CHARLES NODIER.

« Paris, 23 mai 1843. »

Oh! ce bon temps de littérature honnête! oh! cette loyauté de l'écrivain! pourquoi les retrouve-t-on si rarement de nos jours? pourquoi les Nodier ont-ils pour successeurs les hommes que nous connaissons?

La seconde lettre était ainsi conçue :

« Monsieur,

« Je viens de lire, dans le numéro de la *Sylphide* de dimanche dernier, un article sur M. le baron Taylor, où l'auteur prouve en même temps qu'il ne connaît pas le baron Taylor, et qu'il a été bien malheureusement renseigné sur les choses qui le concernent.

« Je craindrais de fatiguer votre attention en signalant toutes les erreurs que contient l'article ; je signalerai seulement une assertion qui m'est personnelle. M. le baron Taylor n'a jamais signé une aquarelle de moi. Il faisait des dessins très-beaux avant que mon éducation d'artiste fût commencée, et j'ai reçu de lui, je reçois encore des conseils excellents, dictés par un goût éclairé, par un sentiment profond et poétique de l'art.

« Je regrette, monsieur, que vous ne connaissiez pas, entre autres études du baron Taylor, les magnifiques aquarelles faites par lui en Écosse, il y a une vingtaine d'années. En les voyant, vous penseriez comme moi que leur auteur n'a pas besoin de recourir à une main amie ; et, pour ma part, je vous assure que je serais fier de mettre mon nom au bas de ces beaux dessins.

« J'ai l'honneur de vous saluer.

« DAUZATS. »

« Paris, 23 mai 1845. »

Ainsi la mauvaise foi de la critique reçut, le même jour, un éclatant et double démenti.

Le baron Taylor, à part la collaboration de Nodier aux deux premiers volumes, conserve le mérite intégral de son œuvre.

Non content de lutter par ses écrits contre les démolisseurs, afin de les empêcher de détruire cette magnifique histoire de pierre écrite par les siècles sur la surface du sol, Taylor lutta par ses actes et souleva contre la bande noire l'indignation du pays.

De 1818 à 1830, nous le voyons s'adresser aux chambres, aux ministres, à tous les pouvoirs, afin d'obtenir pour les études archéologiques encouragement et protection. Il signale les vieux monuments, églises ou châteaux, que l'incurie ou l'indifférence laissent tomber en ruines; il dessille tous les yeux, il provoque une sorte de renaissance en faveur de l'art chrétien et fait voter des millions pour restaurer nos basiliques.

On lui doit la conservation du plus grand nombre des richesses monumentales dont la France s'honore.

L'homme qui ranimait si puissamment les arts devait aussi avoir l'honneur de ressusciter les lettres.

En 1825, la Comédie-Française tombait dans le marasme et dépérissait chaque jour.

Évidemment, il fallait chercher la cause du mal dans la nullité des œuvres jouées alors sur le premier de nos théâtres, car jamais pléiade d'artistes plus brillante n'avait été chargée de les interpréter.

Pour la comédie, on avait Michaud, les deux Baptiste, Armand, Firmin, Samson, Monrose, Menjaud, et mesdemoiselles Mars, Dupont, Mante, Leverd et Bourgoin.

La tragédie possédait Talma, le puissant acteur, avec Lafont, Ligier et mademoiselle Duchesnois.

Mais on ne pouvait pas éternellement jouer Corneille et Molière. Les chefs-d'œuvre ont besoin de repos pour conserver leur prestige. Il est nécessaire que l'art sorte parfois des sentiers battus pour aller à la découverte; il faut que de temps à autre il se transforme, et qu'un sang jeune et chaud s'infiltre dans ses veines, dût l'inoculation enfanter la fièvre et causer le délire.

Voilà ce que les vieux auteurs ne voulaient pas comprendre.

Enveloppés dans leurs langes classiques, ils buvaient toujours au biberon d'Aristote, sans comprendre que cet éternel berceau devenait leur tombe. Ils n'avaient plus ni mouvement ni souffle, ils se traînaient comme des larves au seuil désert du temple de la célébrité.

La Comédie-Française allait mourir avec eux, quand on eut tout à coup l'heureuse idée de lui donner pour commissaire royal l'homme actif et entreprenant dont nous écrivons l'histoire.

Taylor jeta les yeux autour de lui.

D'un côté, lui apparurent la décrépitude, le dépérissement, l'impuissance ; de l'autre, il vit poindre à la surface du champ littéraire quelques germes hardis, autour desquels il se hâta d'écarter les plantes mortes, et qu'il vit se développer aussitôt avec une vigueur de végétation surprenante.

Une école jeune, passionnée, fougueuse, éleva la voix.

Elle prêcha des maximes qui tout à coup, par le plus étrange des galvanismes, firent sortir de leur sommeil lugubre les larves dont nous parlions à l'instant même, et leur donnèrent pour la défense d'Aristote l'énergie qui leur avait manqué pour le travail et pour la gloire.

A partir de ce moment, l'art fut sauvé.

Ce n'était plus la mort; c'était le combat, c'était la vie.

Le nouveau commissaire royal se boucha les oreilles, lorsqu'il entendit crier à l'hérésie et à la profanation [1]. Ni les clameurs ni les injures ne l'intimidèrent. Il ouvrit à deux battants les portes de la Comédie-Française aux novateurs; il les mit en présence de leurs ennemis, et la foule accourut pour assister à la bataille.

[1] Après le succès du *Léonidas* de M. Pichot, première pièce de l'école nouvelle jouée avec un grand luxe de décors, l'éditeur Barba donna un souper monstre. Tous les convives félicitèrent Taylor de sa hardiesse, et Talma se jeta dans ses bras en s'écriant : « Mon ami, vous êtes le sauveur de la Comédie-Française ! »

Aujourd'hui que la paix est à peu près signée, ne trouvez-vous pas qu'*Hernani* et *Marion Delorme* sont de bonnes et valables conquêtes ?

Nous devons au baron Taylor la révélation du génie de Victor Hugo [1], sans parler de vingt autres romantiques dont il a signé les titres de noblesse littéraire.

Les quatre premières années de son administration courageuse ont suffi pour

---

[1] Ce fut Chateaubriand qui présenta Victor Hugo, en 1821, au baron Taylor. Le jeune auteur travaillait à une revue placée sous le patronage du chantre des *Martyrs*. Il désirait écrire pour le théâtre. Taylor, qui n'avait pas, à cette époque, la direction de la Comédie-Française, encouragea Victor Hugo à donner sa première pièce, *Inès de Castro*, à un petit théâtre appelé le *Panorama-Dramatique*, dont le comité de lecture était composé de MM. Charles Nodier, Picard, Merville et Renouard. La pièce fut reçue, mais la censure n'en permit pas la représentation.

transformer l'art. Il a greffé sur de vigoureux sauvageons les branches de la vieille souche ; la séve rajeunie bouillonne et pousse des rameaux à perte de vue.

L'arbre est vivace, laissez-le produire.

Aux yeux du baron Taylor, l'art est avant tout fils de la liberté ; toujours il a voulu l'affranchir de ses entraves.

En même temps qu'il aplanissait la route aux romantiques insurgés, il essayait d'obtenir du pouvoir la permission de représenter les anciennes pièces défendues, principalement le *Mariage de Figaro*.

Nous avons recueilli, à cet égard, une anecdote curieuse.

Le ministre semi-révolutionnaire qui essayait alors d'étayer avec le libéralisme un trône chancelant, M. de Martignac, connaissait beaucoup le commissaire royal. Il lui avait promis de rendre à la Comédie-Française l'œuvre de Beaumarchais.

Par malheur Charles X ne partageait pas l'opinion de son ministre.

— Que voulez-vous ? le roi s'y oppose, répondait Martignac à Taylor, quand ce dernier lui réclamait sa parole.

— Allons donc ! est-ce qu'en fait de théâtre le roi a une volonté ? Vous n'insistez pas avec assez de chaleur, répliquait le commissaire royal. Permettez-moi de vous accompagner à Saint-Cloud. Dix minutes d'audience, et je rapporte l'autorisation.

— Soit, dit Martignac, j'aime mieux cela.

Ils partirent.

Charles X les reçut après son déjeuner. Quand Taylor eut présenté sa requête, le roi s'écria :

— Miséricorde! que me demandez-vous? Personne ici ne le veut. Martignac le sait bien. Son but, en vous amenant, est de mettre sa responsabilité à couvert. Le *Mariage de Figaro*, juste ciel! je serais perdu. Madame [1], ajouta-t-il, en riant, m'arracherait les yeux!

— Pourtant, Sire, je vous le proteste, il n'y a aucun inconvénient à craindre. Votre Majesté, d'ailleurs, ne peut continuer de proscrire une pièce dans laquelle, jadis, elle a joué un rôle à Trianon.

— Qui vous a dit cela? fit le roi.

[1] La duchesse d'Angoulême.

— Je ne crois pas me tromper, Sire, répondit Taylor en s'inclinant.

— Non, vous êtes bien instruit. Ah ! c'était le temps de ma jeunesse ! (Les yeux du roi devinrent humides.) Nous étions un peu fous alors. Je jouais le rôle du comte Almaviva, et Marie-Antoinette jouait Suzanne. Pauvre reine ! Vous me rappelez tout à la fois de joyeux et tristes souvenirs. Croyez-moi, ne parlons plus de ces choses.

— Enfin, Sire, l'œuvre de Beaumarchais ne peut être mise à l'index, quand le prince qui a bien voulu l'honorer est sur le trône.

— Sans doute... Votre logique est adroite. Mais, là, franchement, croyez-vous qu'il n'y ait aucun scandale ?

— J'affirme à Votre Majesté qu'il n'y en aura pas plus que pour les pièces de Corneille et de Molière.

— Eh bien, arrangez cela avec Martignac, dit le roi.

Il salua et rentra dans ses appartements.

— Vous vous êtes trop engagé, mon cher, dit le ministre, ramenant avec lui le solliciteur dans son carrosse. Aucun scandale ! Y songez-vous ? Et le monologue ?

— Mon avis est de n'en pas couper une ligne. Fiez-vous à moi, dit Taylor.

L'événement donna raison au commissaire royal.

Tous les spectateurs, le jour où l'on représenta la pièce, avaient en main la petite édition Touquet[1], pour suivre les

[1] Elle était complète et se vendait quatre sous.

acteurs et confronter avec leur débit chaque passage de l'œuvre. Une fois certain que la censure n'avait rien coupé, le parterre applaudit avec enthousiasme et ne se livra pas à la moindre manifestation politique.

Taylor fut moins heureux pour le drame de *Marion Delorme*.

Il fit une seconde fois le voyage de Saint-Cloud et trouva Charles X inflexible.

— Non, monsieur Taylor, non!... Je suis désolé, dit le roi ; mais nous laissons aller déjà trop loin les choses. M. de la Bourdonnais[1] refuse absolument d'autoriser une pièce où un roi de France est voué au ridicule. Dites à M. Hugo que,

[1] Successeur de Martignac.

pour l'indemniser, je lui fais six mille francs de pension.

— Sire, dit Taylor, autorisez-moi à porter ce chiffre à douze mille : l'offre sera plus magnifique, et la réponse sera la même.

En effet, on sait que Victor Hugo refusa l'or qu'on lui proposait en échange de sa gloire

Sous l'administration de M. de Martignac, et dans ses entretiens avec le ministre, le baron Taylor avait jeté le premier plan du projet colossal qui devait, en dépit des incrédules, se réaliser un jour et transporter sur nos rivages une de ces masses de granit, aux flancs desquelles la vieille Égypte sculptait son histoire.

« Les drapeaux victorieux de la France, écri-

« vait à cette époque M. Taylor, ont vu toutes
« les parties du monde; et partout où ils ont
« flotté, ils ont montré aux peuples que les Fran-
« çais savaient faire connaître sur la terre étran-
« gère les bienfaits de la civilisation de leur pa-
« trie. Pour souvenir des victoires de nos armées,
« des étendards étaient appendus aux voûtes de
« nos églises; ces trophées ont disparu. Ne serait-
« il pas glorieux d'élever des monuments qui
« rappelleraient les batailles qui en avaient doté
« la France? Les campagnes des Français en
« Égypte, si glorieuses et si poétiques, égalent
« les hauts faits des croisades; pas une pierre
« ne conserve à Paris le souvenir de cette gloire.

« Bossuet a dit que « la puissance romaine,
« désespérant d'égaler les Égyptiens, a cru faire
« assez pour sa grandeur d'emprunter les obé-
« lisques de leurs rois. »

« La France, qui a égalé les Égyptiens et les
« Romains dans la guerre, devrait consacrer ses
« triomphes en Orient par un de ces monuments
« dont l'Égypte et Rome sont encore si riches.
« Il existe à Louqsor, dans les ruines de Thèbes,
« deux obélisques qu'il serait possible de trans-
« porter à Paris, et qui orneraient admirable-
« ment une ou deux de nos places publiques, en

« même temps qu'ils signaleraient, par de nou-
« veaux témoignages, le triomphe de nos armes
« et la supériorité de nos sciences[1]. »

Par ordre de Charles X, le baron Taylor fit un premier voyage pour aller visiter les ruines de Thèbes et voir s'il était possible de transporter à Paris les obélisques dont il signalait l'existence.

Son excursion fut rapide. Il rapporta des notes qui concluaient à la possibilité du transport.

Mais le ministère protecteur du projet venait d'être renversé.

Taylor eut à vaincre l'indifférence d'une administration nouvelle. Enfin le baron d'Haussez, nommé ministre de la marine, s'entoura d'une commission de savants pour

[1] Extrait d'une lettre adressée, en 1828, au ministère de l'intérieur.

examiner le projet avec eux, et, le 6 janvier 1830, parut une ordonnance royale, dont nous avons retrouvé le texte aux archives.

Article premier.

« Le sieur baron Taylor sera envoyé comme commissaire du roi auprès du pacha d'Égypte pour négocier la cession des obélisques de Thèbes et pour faire transporter en France l'obélisque d'Alexandrie.

Article 2.

« Les frais relatifs à cette mission et au transport de ces monuments seront faits par la marine et portés au compte de ce département.

Article 3.

« Notre ministre secrétaire d'État au département de la marine et des colonies est chargé de l'exécution de la présente ordonnance.

« Donné à Paris en notre château des Tuileries.

« *Signé* CHARLES.

« *Le ministre secrétaire d'État au département de la marine et des colonies,*

« *Signé* BARON D'HAUSSEZ. »

Le 17 mars, Taylor s'embarque sur la *Diligente*, corvette commandée par M. de Moulac ; mais il n'arrive en Égypte que pour apprendre de la bouche de Méhémet-Ali lui-même que les obélisques dont on réclame la cession viennent d'être accordés à l'Angleterre.

Une lutte s'engage entre l'envoyé de France et le consul anglais.

Après des conférences sans nombre et des difficultés de toute sorte, la diplomatie du baron Taylor triomphe. L'Angleterre se désiste. On rend à la France les deux obélisques de Louqsor, et on lui donne, en surcroît, l'aiguille de Cléopâtre à Alexandrie.

Un navire, construit tout exprès par M. Rolland, inspecteur du génie maritime, remonte le Nil, va prendre dans la Haute-Égypte l'un de ces deux énormes blocs de pierre qui, depuis quarante siècles peut-être, dormait sur la tombe d'un Pharaon, descend le fleuve avec sa conquête, la confie aux flots de la Méditerranée, tourne par Gibraltar, longe les côtes d'Espagne et celles de France; puis, remontant la Seine à son embouchure, comme il a remonté le Nil, arrive le 23 décembre 1833, et permet à M. Lebas, le célèbre ingénieur, de dresser sur son piédestal ce monument contemporain de Sésostris.

Le baron Taylor avait reçu cent mille francs pour ses frais de représentation et de voyage.

Il n'en dépensa que dix-sept mille et rendit au trésor quatre-vingt-trois mille francs, qu'il pouvait conserver comme récompense de sa mission.

Un pareil fait n'a pas besoin de commentaires.

Avec l'obélisque, M. Taylor rapportait une foule de curiosités égyptiennes, particulièrement un magnifique sarcophage, que la foule admire dans les galeries du Louvre.

« Pour tous ces services rendus à l'État, monsieur le baron, lui écrivait alors le ministre, vous n'avez voulu accepter aucun prix, aucun dédommagement. Une seule chose est digne de payer de pareils services, c'est la reconnaissance du pays auquel on les a rendus. »

En 1835, le roi Louis-Philippe confia

à M. Taylor une nouvelle et importante mission.

La France n'avait un instant possédé, sous l'empire, les toiles précieuses des Ribeira, des Velasquez et des Murillo, que pour regretter plus vivement leur perte, lorsqu'elle fut obligée de les rendre.

On chargea l'ancien compagnon de voyage de don Jaim d'aller acheter tous ces chefs-d'œuvre.

Il partit pour l'Espagne avec un million, et il sut, à force de recherches et d'efforts, réunir, en tableaux, depuis les maîtres du moyen âge jusqu'à Goya-y-Lucientes, l'illustre auteur des *Capriccios* [1], toute l'histoire de la peinture espagnole,

---

[1] Caricatures politiques pleines de raillerie originale et de finesse.

si puissante au point de vue de la foi et du sentiment de la couleur.

Suivant, un jour, la route d'Alicante à Carthagène, il aperçut, à l'extrémité d'un pilier en briques, une tête de mort scellée dans une cage de fer.

Le vent agitait la cage et faisait grincer la chaîne d'une façon lugubre.

— Qu'est-ce que cela? demanda Taylor à un jeune berger, dont les chèvres paissaient sur un monticule voisin.

— C'est la tête de don Jaim, le bandit, répondit l'enfant.

— Diable! fit Taylor, assez ému de retrouver son guide en si piteux état. Il s'est donc laissé prendre?

— Oui, dit le pâtre; mais il a fallu deux régiments pour le traquer dans la montagne. C'était un brave homme, tout le pays le regrette.

L'alcade de Calasparra avait condamné don Jaim à mort, après avoir bu son xérès et son porto.

Nous avons sous les yeux un article publié par le *Constitutionnel*, et où M. Amédée de Césena rapporte, à l'occasion du second voyage du baron Taylor en Espagne, un fait qui honore à la fois le cœur de l'artiste et le caractère de l'homme.

« Au moment où il entrait dans l'église du monastère d'Alcobaça, une troupe d'individus, égarés par la fièvre des révolutions, venaient de profaner la tombe d'Inès de Castro et de porter une main impie sur ses restes sacrés. Elle avait été dépouillée une seconde fois de la couronne de reine, qu'elle n'avait pu porter vivante [1], et que, morte, elle avait reçu de son époux devant toute la noblesse de Portugal.

« Ses ossements étaient dispersés sur les dalles de l'église.

« M. Taylor s'empressa de les rassembler avec un soin religieux, et, après les avoir restitués à la tombe d'Inès, il alla chercher dans la petite ville d'Alcobaça un ouvrier pour la faire sceller. »

Ces circonstances empêchèrent l'illustre voyageur de reproduire par la moulure une tombe mutilée ; mais il rapporta de

[1] Alphonse IV, roi de Portugal, ayant appris que son fils don Pèdre l'avait épousée en secret, la fit assassiner. Don Pèdre, une fois sur le trône, condamna les meurtriers aux plus affreux supplices, exhuma le corps d'Inès, la couronna devant tous les grands du royaume, et leur ordonna le baise-mains.

Grenade les mausolées de Philippe le Beau, de Jeanne la Folle, de Ferdinand et d'Isabelle, quatre chefs-d'œuvre sculptés dans le style le plus pur de la Renaissance.

A peine revenu d'Espagne, le baron Taylor fut envoyé à Londres pour y recueillir le musée Standish [1], légué au roi des Français par un des plus riches collectionneurs d'outre-Manche.

Puis, toujours infatigable et de plus en plus avide de conquêtes artistiques pour la France, il alla de nouveau visiter Rome, Naples, Palerme ; descendit à Malte, où il

[1] Ce musée, qui, outre les tableaux, les dessins et les gravures précieuses, contenait la plus magnifique collection des *Aldes* qu'on ait vue jusqu'à ce jour, a été vendu en 1848, ainsi que le musée espagnol. C'est une preuve de plus à ajouter à toutes celles que la seconde république a données de son mépris pour les arts.

déposa sur la tombe du comte de Beaujolais [1] le magnifique marbre de Pradier ; se dirigea vers la Grèce, explora l'Acropolis d'Athènes, les Propylées et le Parthénon ; remonta le Bosphore, interrogea Constantinople pour retrouver les vieux murs de Byzance, l'église de Sainte-Sophie, la plus ancienne de la chrétienté, et la tombe du dernier Constantin ; passant ensuite en Asie Mineure, il fouilla les ruines d'Éphèse, revint par Smyrne, Rhodes, Candie, la côte d'Afrique, et rapporta triomphalement aux musées du Louvre et de Versailles une grande partie des richesses qu'on y admire.

Travaillez, artistes ! vous avez des modèles.

[1] Frère de Louis-Philippe, mort en exil (1808).

Le baron Taylor a rendu le monde entier votre tributaire.

Mais son œuvre n'est pas complète.

Il sait combien vous êtes imprévoyants; il sait dans quelle douce et dangereuse quiétude vous berce le culte des arts. Aucun de vous ne s'occupe des soins matériels et grossiers de la vie. L'or que vous gagnez se fond au creuset de l'enthousiasme, et quand vous descendez du nuage radieux où l'inspiration vous entraine, la misère et la faim sont là qui vous attendent.

Un jour, Taylor apprend qu'un jeune écrivain est plongé dans la détresse la plus profonde.

Il se hâte d'aller frapper à la porte du ministre, et sollicite au nom de l'homme de lettres un secours qu'on promet d'accorder aussi promptement que possible.

Par malheur, dans tous nos ministères, il y a d'interminables formalités administratives.

« Je me suis *empressé*, monsieur le baron, de faire droit à votre demande, écrivit le ministre au bout de trois semaines : votre protégé recevra trois cents francs à titre éventuel. »

Taylor répondit :

« Monseigneur, il est trop tard. Le malheureux s'est asphyxié ; l'argent ne peut même plus servir à ses funérailles. »

Ce triste événement donna pour la première fois au baron Taylor l'idée d'établir en faveur des artistes pauvres des sociétés de secours mutuels.

Dieu sait tout ce qu'il dépensa d'ardeur

et tout ce qu'il lui fallut renverser d'obstacles pour arriver à jeter la base de ces institutions précieuses, aujourd'hui solidement assises. Que d'efforts surhumains ! que de dévouement ! que de luttes pénibles contre le mauvais vouloir des uns, contre l'indifférence des autres !

L'archevêque de Paris a dit de M. Taylor : « C'est tout à la fois un apôtre de la philosophie chrétienne et de la philosophie antique. »

Jamais éloge ne fut plus complet ni mieux mérité [1].

---

[1] Voir à la fin de ce volume, aux *pièces justificatives*, deux lettres qui nous ont été communiquées par le conservateur d'une riche bibliothèque. Elles réunissent dans la même estime et dans la même admiration pour le baron Taylor des hommes entièrement opposés de mœurs, de religion et de langage. Nous avons fait traduire ces lettres pour nos lecteurs.

L'association des artistes dramatiques, fondée la première, a aujourd'hui trente mille livres de rentes, qu'elle distribue en secours et en bienfaits, sous la haute surveillance du baron Taylor.

Douze cents secours annuels ou pensions sont accordées aux vieux artistes, à leurs orphelins et à leurs veuves.

Ces rentes sont le produit de fêtes, de concerts, de messes solennelles, de loteries de bienfaisance, provoquées, organisées, dirigées par l'illustre fondateur.

Après l'association des artistes dramatiques, il a créé celle des musiciens, celle des peintres et celle des inventeurs industriels.

Les musiciens ont seize mille livres de rente, les peintres quinze mille, et les inventeurs douze cents. Cette dernière association, la plus récente de toutes, ne tardera pas à conquérir une fortune égale à la fortune de ses sœurs.

Président de toutes ces sociétés, unies entre elles par les liens les plus sympathiques, le baron Taylor les a noblement amenées au secours de la Société des gens de lettres, le jour où celle-ci fut menacée de ruine par madame George Sand.

Il a donné là un exemple de confraternité, dont le grand écrivain socialiste doit tenir note, pour apprendre, lui aussi, à mettre d'accord ses actes avec ses prédications.

Depuis ce jour, la Société des gens de lettres s'enorgueillit du patronage du baron Taylor. Toutes les infortunes littéraires sont secourues. La caisse, un instant vidée par les huissiers de madame Sand, se remplit chaque jour.

Taylor a supprimé l'hôpital pour les gens de lettres.

Nous avons aujourd'hui plus de cent mille francs, qui appartiennent à nos confrères malheureux [1].

On a dit de Taylor : « C'est le prototype de la bienfaisance. »

Effectivement, toute sa vie est consacrée au bienfait ; ses pas se dirigent sans cesse vers le même but. Il triomphe des difficultés les plus insurmontables et saurait tirer de l'or d'une pierre quand il s'agit

---

[1] En somme, le baron Taylor a créé soixante-cinq mille francs de rente, sans parler de près d'un million distribué en secours et pensions aux lettres et aux arts.

de venir en aide à un artiste ou de l'encourager dans la lutte.

On a osé dire que le baron Taylor, en travaillant pour les autres, travaillait aussi pour lui-même.

Jamais plus impudent mensonge n'a été soutenu.

L'homme qui a rassemblé des millions pour les distribuer à nos caisses de secours, s'est trouvé tout à coup aux portes de la misère, le jour où la république de 1848 lui a supprimé ses appointements.

Il a vécu de la vente d'une partie de sa bibliothèque, et nous avons tous vu briller sa croix de commandeur [1] sur un

---

[1] Nommé chevalier de la Légion d'honneur en 1822, il fut élu au grade d'officier en 1833, et obtint la dignité

habit qui était loin d'annoncer l'opulence.

Pour le baron Taylor, vendre ses livres est le signe d'une détresse suprême.

Où donc était sa fortune? Qu'étaient devenus les bénéfices secrets qu'on le soupçonne de réaliser? Personne, à aucune époque, ne l'a vu se livrer à la dépense; il vit comme un anachorète, couche sur un simple matelas au milieu de ses livres, et déjeune avec un pain de dix centimes et un verre d'eau.

Mais arrêtons-nous ; c'est lui faire injure que de le défendre.

de commandeur le 19 mai 1837. Louis-Philippe voulait l'élever à la pairie et créer tout exprès pour lui un ministère des lettres et des arts. Si M. Taylor n'exerce pas officiellement ce haut emploi, il en remplit par le fait toutes lse fonctions... *gratis pro Deo*. L'Institut lui a ouvert ses portes en 1847.

Autour de lui, pour imposer silence à ses détracteurs, cinq associations d'artistes protestent de leur éternelle gratitude et le nomment leur père.

Nous défendons à la calomnie la plus haineuse de flétrir cette belle existence toute de sacrifice, de dévouement et d'abnégation.

Si l'on veut trouver un génie aussi persévérant et aussi infatigable pour le bien, il faut remonter jusqu'à saint Vincent de Paul.

FIN.

... Les hommes de lettres et les artistes oublient
aussi trop souvent de leur travaux que l'avarice, cette
mort anticipée du génie, les frappe et les brise
trop souvent dans leur vieillesse ; ayez de
l'ordre, de l'économie et de la prévoyance,
faites inimitables pour eux dans leur avenir,
Marchez auprès de moi, faisons nous
dignes l'un de l'autre ? Dieu sera avec nous
et nous conduit.

Alphonse de Lamartine

PIÈCES JUSTIFICATIVES.

LETTRE DU CHEIK ABOU-GHOS,

Chef indépendant établi entre Jaffa et Jérusalem, à El Quarié (Saint-Jérémie). Il commandait à dix mille cavaliers, et il fit la guerre à Ibrahim-Pacha.

Très-illustre et très-honorable ami, monsieur le baron Taylor (que Dieu le conserve !),

Après vous avoir présenté nos vœux sincères, le but de la présente est : premièrement, de nous informer de votre santé ; secondement, de vous témoigner notre joie de votre heureuse arrivée dans nos contrées, et de vous inviter à descendre dans notre demeure, qui est bien véritablement la vôtre. Déjà notre cœur est rempli d'amitié pour vous. Nous nous rappelons sans cesse votre bonté, la douceur de votre caractère et vos bons procédés à notre égard. Votre cœur vous est garant de la vérité de ces paroles.

Votre lettre amicale nous est heureusement parvenue, ainsi que le magnifique présent d'une paire de pistolets et d'une longue-vue. Cette lettre vous était inspirée par la sincérité de votre cœur, et nous nous en glorifions aux yeux du monde. Nous avons tous rendu des actions de grâce à votre bon souvenir et à votre sincère amitié. On rencontre peu d'hommes aimant comme vous à faire le bien et à cultiver l'amitié. Nous ne cessons jour et nuit de prier pour votre illustre personne, et nous n'oublierons jamais vos bienfaits.

Tout ce qui vous appartiendrait ou serait muni d'un mot de votre main est sûr de trouver chez nous l'accueil le plus cordial [1].

L'amitié nous fait un devoir de vous accuser réception de votre noble présent, et de vous prier de nous honorer de vos ordres.

Mes frères, mes enfants et toute ma famille, grands et petits, font des vœux pour votre prospérité.

Que le Créateur tout-puissant daigne vous accorder ses bénédictions.

Votre sincère ami

IBRAHIM-ABOU-GBOS.

Le 5 de chaouel 1247 (1832).

[1] Le cheik a tenu parole. Un grand nombre d'amis de M. Taylor, notamment le marquis de Custine, ont reçu chez lui la plus magnifique hospitalité.

LETTRE DE DON-J.-MANUEL FONT,

Moine espagnol, qui, après avoir passé vingt-deux ans dans les missions en Californie et au Mexique, était retourné dans son couvent près de Barcelone.

Ripol, Ribas, le 18 septembre 1834.

Monsieur le baron Taylor, à Paris.

Mon très-appréciable ami,

L'appréciée lettre, en date du 12 août passé, que vous m'avez fait la grâce de m'écrire de Perpignan, est en mon pouvoir; et, au milieu de l'affliction où se trouvait mon âme, elle a été pour moi une incomparable consolation.

Quand vous daignâtes honorer ma pauvre cellule et quand vous me mîtes à même de vous connaître particulièrement, je vous montrai toute l'affection que vos richesses d'esprit et vos belles qualités devaient inspirer; quand vous me fîtes cadeau, par l'entremise de l'aimable M. Frédéric Madrazo, d'un portrait du célèbre Chateaubriand, je fis connaître la gratitude que votre générosité et mon devoir m'imposaient; mais ce que vous venez de m'envoyer m'a créé une nouvelle obligation que je ne saurais jamais remplir d'une manière qui satisfasse mes efforts et corresponde aux incontestables droits qu'elle vous donne sur moi. On sent dans l'ouvrage que vous m'avez donné le caractère d'un digne fils de la France ancienne et moderne; la philosophie y acquiert une splendeur nouvelle; et la religion tout son éclat. Ces considérations me transportent, mon appréciable ami, beaucoup plus loin que mon cœur ne peut atteindre.

Il se peut que les événements de la tant malheureuse Espagne me soient funestes comme à tous ceux qui aiment le bonheur. Pour m'y soustraire autant que possible, je vis retiré dans ce village, dont les pacifiques et laborieux habitants ignorent cette vile et lâche animosité qui trouve sa naissance et son accroissement dans l'oisiveté et l'immoralité de ceux-là seulement qui se cachent entre les vices, ordinaire patrimoine des grandes populations. J'observerai de cette hauteur la marche des affaires publiques, et, si elles m'obligent à chercher un asile plus sûr, j'irai avec plaisir en France, qui n'est guère qu'à cinq lieues d'ici. Dans ce cas redoutable, je recourrais aux bontés que votre générosité me promet, vous considérant comme un véritable mentor, mettant mon ignorance sous votre égide. J'aurai l'inexprimable joie de trouver les lumières dont j'ai si grand besoin.

Celui qui vous remettra la présente, M. Calvet, vieux ami auquel m'unissent mille motifs de gratitude, est digne de toute considération, parce qu'il sait aimer ses semblables. C'est enfin celui dans la maison de qui je demeurerai pendant mon séjour à Paris.

Je n'ai, mon aimable monsieur, aucun mérite qui me rende digne des faveurs dont vous m'honorez et dont je vous remercie comme je le dois ; seulement je désire que vous me procuriez l'occasion de satisfaire, au moins par mes vœux réitérés, l'agréable obligation que vous m'avez imposée de vous aimer, obligation que gardera jusqu'au tombeau

Votre très-affectionné serviteur, qui baise vos mains,

MANUEL FRONT.

www.ingramcontent.com/pod-product-compliance
Lightning Source LLC
LaVergne TN
LVHW050636090426
835512LV00007B/892